아마도 위로가 될 거야

아마도 위로가 될 거야

초판 1쇄 발행 2020년 1월 17일

지은이 김태영
펴낸이 장현수
펴낸곳 메이킹북스
출판등록 제 2019-000010호

디자인 김주애
편집 안영인, 김주애
교정 김시온
마케팅 오현경

주소 서울특별시 금천구 가산디지털1로 142, 312호
전화 02-2135-5086
팩스 02-2135-5087
이메일 making_books@naver.com
홈페이지 www.makingbooks.co.kr

ISBN 979-11-969280-2-5(03810)
값 12,000원

ⓒ 김태영 2020 Printed in Korea

잘못된 책은 구입하신 곳에서 바꾸어 드립니다.
이 책의 전부 또는 일부 내용을 재사용하려면 사전에 저작권자와 펴낸곳의 동의를 받아야 합니다.

이 도서의 국립중앙도서관 출판예정도서목록(CIP)은 서지정보유통지원시스템
홈페이지(http://seoji.nl.go.kr)와 국가자료공동목록시스템(http://www.nl.go.kr/kolisnet)에서
이용하실 수 있습니다. (CIP제어번호 : CIP2020001326)

홈페이지 바로가기

아마도 위로가 될 거야

김 태 영 감성에세이

메이킹북스

아프고, 괴롭고, 서럽고,
고통스럽고, 원망스럽고, 후회하고,

"그냥 다 잊고 죽을 용기로
다시 한번 살아 보자"

머리말

세상을 살아가면서
힘들고, 지치고, 아프고,
괴롭고, 답답했던 순간들이 많았습니다.
시간이 흐르면 잊힐 사소한 일들이
왜 그땐 그렇게 아프고 서러웠는지…
결국엔 잊힐 일들이었는데 말입니다.

여러분들은 어떤 삶을 살았나요?
이 책은 누구나 겪을 법한 삶 속에서
다 할 수 있는 생각이지만,
그 생각을 실천하지 않았던
우리의 모습을 담은 책입니다.
사람은 언젠간 한 줌의 흙이 됩니다.
부디, 죽을 용기로
후회 없이 살아가기를 당부드립니다.

가족에게

사랑에게

친구에게

돈 때문에

일 때문에

힘들고, 괴롭고, 가슴 아팠나요?

이 책의 마지막 장을 덮는 순간,

느끼며, 실천할 것이며, 행복할 것입니다

부모님은 나의 '거름'이라 생각해

내가 강하고 예쁜 꽃으로

피어날 수 있게 애써 줘서

사랑은 나의 '희망'이라고 생각해

힘든 역경과 고난이 와도 지켜 줘서

친구는 나의 '방패'라고 생각해

어떤 어려움과 외로움이 와도 지켜 줘서

불규칙한 세상과 불완전한 삶 속에

나에게 불필요한 건 아무것도 없다는 것을,

기억해 주길

목 차

1 가족에게 …13

2 사랑에게 …37

3 우정에게 …67

4 지친 당신께 ⋯77

5 힘이 돼 줄게 ⋯107

1 가족에게

기쁠 때 함께 기뻐해 주며
힘들 때 가장 먼저 생각나고
지칠 때 가장 든든하게 힘이 되어 주는

불규칙한 삶에서 변하지 않고
항상 나를 생각하고 사랑하는 사람들
그것은 바로 '가족(家族)'입니다

고마운 사람

소중한 사람

사랑한 사람

나를 살게 해 준 사람

나를 행복하게 해 준 사람

내게 없어서는 안 될 사람

잊지 않고 가슴속에 담고 살게

PS.

나 국민학교 다닐 때

자주 가는 분식집이 있었어

지금은 오래돼서 사라졌지만

20년이 지난 지금도 난 '그 맛'을 기억하고 있어

이런 내가 어떻게 당신을 잊을 수 있겠어

가족사진에
내가 잘 나와야 하는데…
아니지,

우리 엄마 웃는 모습이
잘 나와야 되는데
나는 왜 이제 깨달은 걸까
바보처럼

집에 가족사진이 있다면
소중히 간직해 주세요
삶에서 가장 소중하고
다신 없을 보물입니다

P.S.
다음 생에도 그다음 생에도
나의 가족이 되어 주세요
사랑합니다

엄마가 해 주던 따뜻한 밥
겨울이면 목도리를 짜 주던 손
병 걸릴까 매일같이 깨끗했던 빨래들
겨울 안방이 춥다며 아랫목에 불을 떼던 뒷모습
내가 힘들 때 나보다 더 큰 잔상을 당한 것 같던 얼굴
만 원짜리 옷을 입고 내게는 십만 원짜리
잠바를 사 주던 당신아.

천국에서 잘 지내고 있습니까?
남은 삶, 당신 몫까지 열심히 살겠습니다.
오랜만에 다시 듣고 싶은 당신 목소리

PS.
"아가, 일어나 아침 먹고 학교 가야지"

잘 지내고 계신지요?
저는 아주 잘 지내고 있습니다
어릴 땐 무뚝뚝하고 혼내기만 하던
당신이 미웠습니다
그 기억들이 커 가면서 뇌리에 박혔는지
그냥 싫었습니다
내게 당신의 존재는 그냥 당신이었습니다

어릴 적 큰 사고를 쳐서
합의금을 물어 주던 당신,
없는 형편을 아는데 어디서 마련하셨는지
돈을 건네주던 그 손의 떨림을
아직도 기억합니다

스무 살 때 부고 전화를 받고 시골 가는 길
그냥 멍했습니다
막상 굳어 있는 당신을 보니
손발이 떨리고 무서웠습니다
눈물이 났었는지, 슬펐었는지
기억이 가물가물합니다

삼일장 치르던 날 당신의 수의 안에
제 증명사진을 넣으며 잊지 말아 달라고
땅속으로 들어가는 당신을 보며
하염없이 눈물이 났습니다
있을 때 잘하지 못한 게 한이 됩니다
보고 싶어도 사진으로밖에 볼 수 없지만,
지금 한 달에 한 번은
당신을 보러 시골에 가고 있습니다
아버지, 저 이렇게 나쁘고 철없고 한심합니다
다음 생에 딱 한 번만
다시 저의 아버지가 되어 주시겠습니까?

PS.
죽을 용기로 제 가족 지키며 열심히 살겠습니다
대답은 '꿈속에서' 해 주세요

어릴 적

장난감을 사 달라고 떼를 썼습니다

맛난 음식을 해 달라고 떼를 썼습니다

아플 때 병원에 가자고 떼를 썼습니다

매일 용돈을 달라고 떼를 썼습니다

성인이 돼서

자동차를 사 달라고 했습니다

자취방에 반찬이 없어 만들어 달라고 했습니다

아플 때 병원비를 달라고 했습니다

사업한다고 돈 좀 빌려 달라고 했습니다

PS.

부모의 희망은 내 자식 잘되는 것 하나인데

자식은 부모님의 사랑만 받다가

사랑 주는 방법을 몰랐습니다

부모님은

내가 태어나서 가장 먼저 본 사람

나의 성장 과정을 다 기억하는 사람

내가 아프고 기쁠 때 늘 안아 주는 사람

내가 원하는 모든 걸 다 해 주려 하는 사람

내가 미워해도 언제나 나를 사랑해 주는 사람

나를 배부르고 따뜻하게 만들어 주는 사람

못난 자식은

당신 슬플 때 가만히 보던 사람

당신이 아플 때 지켜만 보던 사람

당신이 늙어 갈 때 아무것도 못하던 사람

PS.

이 못난 사람, 사랑해 주셔서 감사합니다

반찬은 있어? 아픈 데는 없어?
많이 추워, 옷 따뜻하게 입고 다녀
술 많이 먹지 말고, 음주 운전하지 말고
밤늦게 돌아다니지 말고 일찍 들어가

항상 자신보다 나를 더 아껴 주는 사람
매번 자신보다 나를 더 걱정하는 사람
그래서 제가 늘 든든했었나 봅니다

이제는 꿈이 없다며
자식들 잘되길 바라며
하루를 살아가신다는 어머니

PS.
당신에게 나는 몇 살이 되어야
나 말고 당신 먼저 아끼고 걱정할 건가요?

오줌 쌌다고 파리채를 들던
밤늦게 놀다 온다고 야단을 치던
말 안 듣는다고 효자손을 던지던
학교 안 갔다고 발가벗긴 채 쫓아내던
반찬 투정한다고 숟가락으로 머리를 때리던

명절날 언제 오냐며 계속 전화하시던
가끔 늦은 밤 전화해 별일 없냐 물어보시던
집에 먹을 거 많으니 아무것도 사 오지 말라시던
하룻밤 지내고 아침에 차를 타고 갈 때면
내 차가 있던 곳에 가만히 서서
뒷그림자가 사라지는 것을 보며
눈물을 흘리시던, 당신
이런 사람 또 없습니다

PS.
아버지, 하늘나라에서는 잘 지내고 계신가요?
지금도 저기 멀리 자전거를 타고
날 보고 웃으며
"아들 왔어? 밥 먹고 가야지. 어여 밥 먹어"라며
말할 것만 같아요
그립습니다. 아버지. 항상 사랑합니다

지금도 내가 시골에 가면
항상 웃으면서 한쪽 다리를 절룩이며
나오는 분이 계셔
집 문을 열면 구수한 청국장에
내가 좋아하는 반찬들로 가득해
내가 어떤 용무로 왔건, 무슨 일을 하건
그런 건 상관없어
오직 내가 시골에 갔다는 사실 하나로
그냥 '나'라는 존재 이유로
환하게 반겨 주는 그런 분,
오래오래 사셔야 해

PS.
사랑하는 할머니
요즘 내가 보고 싶은지 전화가 자주 오네
이번 주말에
맛있는 호두과자 사서 갈게
조금만 기다려

내 어릴 적 기억에 남아 있고
누군가 기억에 없는 존재가 있어

살면서 희미해진 건지
삶에 묻혀 사진 속에만 존재하는 건지

이야기는 많이 들었어
나를 참 소중히 여겨 주었던 사람

내 기억 속에는 아직도 존재하는 분
어릴 적 누구보다도
날 사랑해 주시며 아껴 주셨던

PS.
식사 후 커피를 마시고는
삽과 낫을 들고 밭으로 가는
할아버지의 뒷모습이 그립습니다
그곳에선 행복하게 지내시길…
사랑합니다

몰랐습니다

자식들만 보며 살아왔던

맛있는 요리를 한없이 해 주던

우리가 잘 클 수 있게 환경을 만들어 준

따뜻한 곳에서 자야 한다고

새벽에 조용히 보일러를 틀어 준

그런데 이제는 기억 못하는 당신

몰랐습니다

당신이 치매에 걸려서

하루하루 기억을 잃어버린다는 것을

은혜를 갚기도 전에

우리를 잊어버린 당신

어찌합니까, 이 원통한 인생을…

저녁 7시가 되면 저 멀리
작은 스쿠터를 타고 집에 오는
당신의 모습이 생각나
비가 오나, 눈이 오나, 바람이 부나
항상 저녁 7시가 되면 부릉부릉 소리와 함께
당신이 나타났지
어떤 날은 과자를 사 오고
어떤 날은 반찬을 사 오고
월급 타면 옛날 통닭을 사 오던
힘든 일터 속에서 자식들 생각하며
견디고 그렇게 달려 왔던 당신을

지금 그 모습을 떠올리면
왠지 모를 뭉클함이 가슴에 스미네

PS.
이제는 자식 걱정하지 말고
행복하고 재밌는 엄마의 삶을 살아 줘

가족의 생일

가족의 제사

가족, 친척의 결혼

가족, 친척의 장례

일 년 중에 몇 번이나 있어?

바쁘면 가기 싫고, 귀찮고

"오늘 사정이 있어. 미안해, 다음에 갈게"

다음이 대체 언제야?

뒤늦게 후회하지 말고

일 년에 한 번인데 꼭 가 줘

PS.

"미안해, 다음에 갈게"라는 말보다

"미안해, 일이 늦게 끝났어.

금방 도착해, 기다려"라는 말이

그 사람에겐 더욱 소중해

당신은 누구이며 나는 무엇입니까

나를 세상에 나오게 하시며
내가 두 발로 걸을 때까지
뒤에서 잡아 줬었던 당신

배워야 산다며
아등바등 살아오며 나를 지켜 주신
날개 없는 당신

세상에 치이고 삶에 지칠 때
소리 없이 내 뒤에서 간절함의
기도를 했었던 당신

내가 숨 쉬는 이유와
어떻게 살아가야 하는지 알려 준
감사한 당신

당신은 누구이며 나는 무엇입니까

부모님께

울지 마십시오
제가 피눈물 흘리며 아파할 테니

가슴 아파하지 마십시오
제 가슴 찢겨진 종이처럼 붙이질 못하니

힘내 주십시오
제가 간절히 용서를 바라오니

용기 내 주십시오
제가 언제, 어디서나 지켜 줄 테니

웃어 주십시오
제가 매일 그곳에서 웃고 싶으니

오래오래 사십시오
영원히 기억하고 간직할 테니

− 하늘에서 불효자가 −

불효자에게

보고 싶은 내 새끼…

- 부모가 -

PS.
자식을 먼저 하늘에 보낸
할머니의 눈가에 천천히 스며드는 눈물을 보며…
어떤 말을 전하려 했을까

사업이 망하고, 직장에서 잘리고,
연인이 떠나고, 친구들도 등 돌리고
나는 왜 이렇게 인생을 못 살았을까
내 곁에 아무것도 없다고 느낄 때
뒤를 돌아보니 '가족'들이
내 등을 밀어주고 있더라
힘들고, 지치고, 모든 걸 내려 두고 싶을 때

그럴 땐 이걸 생각해
네 삶 중 가장 행복한 그날을

PS.
마음이 약해질 땐 그날을 기억해

학교 행사 때 오지 말라고 했어
길가다 마주쳐도 모르는 사람이야
내 곁에 있어도 늘 초라했던 당신

우리 아버지 염할 때 살아생전 못 보던
세상 편한 표정은 삶이 편치 못해서일까
자식들에게 짐 하나 덜어 놨다는 얼굴일까
내 마누라 이제 나비처럼
훨훨 날아가라는 표정일까
어쩌면 당신 살아생전 이승에서 이루지 못한 꿈 찾아
떠난 표정일까
나중에 나 아버지 찾아가면 답을 주려나

PS.
나 평생 그리워하며 꿈 찾아 살게
나중에 저승 문턱에 마중 나와 주소
당신 먼저 간 세상 꽃밭 구경하면서
못했던 이야기 평생 해 주오

두려움과 진정으로 맞서 싸울 때
당신은 힘과 경험과 자신감을 얻는다.
당신은 당신이 할 수 없다고 생각하는
그 일을 해야만 한다.

– 엘리노어 루즈벨트

만일 우리 인생이 단지 5분밖에
남지 않았다는 사실을 안다면
우리 모두는 공중전화 박스로 달려가
자신의 소중한 사람들에게 전화를 걸 것이다.
그리고는 더듬거리면서
그들에게 사랑한다고 말할 것이다.

– 크리스토퍼 몰리

우리는 부모가 됐을 때 비로소
부모가 베푸는 사랑의 고마움이 어떤 것인지
절실히 깨달을 수 있다.

– 헨리 워드 비처

훌륭한 부모의 슬하에 있다면
사랑에 넘치는 체험을 얻을 수 있다.
그것은 먼 훗날 노년이 되더라도
없어지지 않는다.

– 베토벤

사랑은 가장 가까운 사람,
가족들을 돌보는 것에서부터 시작된다.

— 테레사

눈물로 걷는 인생의 길목에서
가장 오래, 가장 멀리까지
배웅해 주는 사람은 바로…
우리 가족이다.

— H.G. 웰스

지구가 둥글듯이
걷다가, 걷다가 시간이 흘러
언젠간 만나고 싶습니다
내 머리, 내 가슴이 기억하는 사람아
왜 그때 잘해 주지 못했었는지
많은 눈물과 반성으로 뒤늦게 후회합니다
스치는 옷깃이라도 기억하며 잡고
바람처럼 사라져도 추억하며 살겠습니다

참 고마웠습니다
언젠간 당신을 만나면,
당신 같은 사람을 만나
인생에 부질없는 건 없다고,
잘 살았다고, 감사하다고 말하겠습니다
오늘 하루도 참 소중했습니다

2 사랑에게

사랑을 처음 하시나요?
사랑을 해 본 적 있나요?
사랑에 상처받은 적 있나요?

추억만 남긴
간직하고 싶고, 잊을 수 없는
사람이 무섭고, 정이 무서운
그래도 다시 사랑하게 되는

그것은 '사랑'입니다

"사랑이 뭘까?"

사람들에게 사랑이란

아주 많은 이유의 법칙이야

설명할 수는 없지만 좋고, 웃을 수 있는 것

어떤 혹독한 시련이 와도 함께 극복하는 것

아직도 사랑이 뭔지 모르겠지만 그저 행복한 것

PS.

내게 사랑은 '사골'이라고 생각해

오래 끓일수록 깊어지잖아

TV에서 가수들이 노래를 불러
오랜만에 듣는 좋은 음악이라
나도 흥얼거리며 따라 불렀어
마음이 먹먹해져 잠시 멈칫했는데
그때의 너와 내 이야기 같아서
가슴이 답답하네
너도 가끔은 나와 같이 부른 노래가 들릴 때
"내 생각을 할까?"

PS.
나도 가끔은 슬픈 노래를 부르는
가수가 되고 싶어
언젠간 네가 듣게 되면
다시 돌아올 거라는 착각 때문에

사랑은 참 이상해

사소한 것에 싸우고
오래 만나면 질린다 하고
헤어졌다 다시 만나고
마지막엔 멋있게 끝내려 해

그 남자: 정말 사랑했었어
아프지 말고 행복하게 잘 지내

그 여자: 나도 사랑했었어
밥 잘 챙겨 먹고 잘 지내야 해

PS.
사랑에 멋있는 이별은 없어
시간이 잊게 할 이별만 있어
사랑, 참 이상해

그 사람은

정말 성실했어
진짜 진국이었어
음식을 참 잘했어
뭐든지 열심히 했어
참 좋은 사람이었어
진심으로 날 사랑해 줬어
항상 내가 우선인 사람이었어

뒤늦게 너에게 하고 싶은 말들이야

PS.
사랑… 이별 후에야 너란 사람을
조금씩, 자세히 알아가는 것 같아

스무 살 초반, 한 사람이 있었어

내가 좋다며 따라다니던 사람
스무 살 되면 고백한다던 사람

나 하나밖에 모르던
나 때문에 눈물을 배웠던
내가 싫어하는 건 한 번도 안 하던
스테이크보다 돈가스가 좋다던
비싼 커플링 대신 커플 옷이 좋다던
그렇게 스무 살 초반,
철없고 이기적인 나를 사랑해 줬던
한 사람이 있었어

PS.
많이 예뻐졌더라
좋은 사람과 행복하게 살길 바라며
지난날의 나를 조금이라도 이해해 주길

나만 사랑한다면서

다른 사람 품에 잠들고

내 앞에서 웃던 네가

사람들 앞에서 내 욕을 하고

너와 했던 좋은 기억

이젠 모두 없던 걸로

깨진 항아리에 물 붓는 것처럼

사람도, 사랑도 전부 흘러가네

PS.

사람 믿지 말자, 믿지 말아야지 하면서도

신이 만든 '믿음' 때문에 사람을 또 믿게 되네

난 액션을 좋아하고
넌 멜로를 좋아하고
난 통닭을, 넌 피자를
난 낚시를, 넌 쇼핑을

너 없었으면 관심도 없었던 것들이
너로 인해 관심이 생겨
서로 달라도 배울 게 참 많다

PS.
불같은 내가
물 같은 너를 만나
강물처럼 잔잔해지길

남녀가 이별을 했어

여자는 남자를 잊었고
남자는 여자를 잊지 못했어

여자는 눈물로 남자를 잊어버리고
남자는 술에 취해 여자를 그리워했어

이별 전 너의 말을 끝까지 들을 걸
한 번만 자존심 버리고 눈물을 닦아 줄 걸
싸우기 전 그 이유를 한 번 더 생각할 걸

세상에 아름다운 사랑은 있어도
세상에 아름다운 이별은 없더라

PS.
사랑은 선물 같아
받으면 좋고, 오래되면 버려지는

사랑했던 사람들에게

미안했습니다
이기적인 사람이라
항상 내 생각만 했던 사람이라
늘 당신보다 내가 먼저인 사람이라
사랑만 받다가 사랑을 못 줬던 사람이라

감사했습니다
이기적인 나를 아껴 줘서
항상 당신보다 내 생각을 먼저 들어 줘서
늘 당신보다 나를 우선순위로 만들어 줘서
나란 사람 사랑해 줘서

PS.
미안해하는 사랑은 하지 말 것
감사해하는 사랑을 해야 할 것

남녀가 헤어지면
친구가 등 돌리면
누군가 죽었다면
사기를 당했다면
가슴이 많이 아프지
모든 일에 상처받았다고 해서
절대 넘어지지 마
비틀거려도 돼
가끔은 비틀대는 것도 괜찮아

P.S.
인생에 거친 파도가 와도
원망하지 말고 감사히 여겨
이 파도가 끝나면
더욱더 강해진 '나'로 변해 있을 거야

사랑을 할 때는

욕하지 말고
구속하지 말고
의심하지 말고
집착하지 말고
폭력 쓰지 말고
바람피우지 말고
거짓말하지 말아 주세요

PS.
이 모든 것들이
이별 후에 나에게 찾아오는
가장 큰 후회와 상처입니다

한 사람이 있었어

매일 모닝콜을 해 주던
아침, 점심, 저녁 '뭐 먹어?'라고 물어보던
'이번 주말에 거기 가 볼래?'라고 말하던
내가 아프면 가장 먼저 약을 사 들고 오던
내가 힘들 때 마주 앉아 푸념을 들어 주던
평생 나만 보고, 나만 사랑한다고 속삭였던
슬플 때 내 눈물을 닦아 주고 그랬던
한 사람이 있었어

PS.
누가 더 많이 좋아하고 사랑한 건지는
중요하지 않아
그 시간 속에서
얼마나 최선을 다했는지만 생각해

넌 연필 같은 사람이야,
볼펜 같은 사람이야?

난 너에게 연필 같은 사람이었으면…
언제라도 지울 수 있게,
나 같은 사람

PS.
연필이 부러지면 다시 깎아야 하듯
사랑도 이별하면 다시 배워야 되는 법

누구에게나 사랑의 아픔이 있어
헤어진 이유야 다양하겠지만
절대, 절대로 후회하지 마
잠시 동안은 답답하고 아플 거야
아주 잠깐이야
인연이 아닌 거라 생각해
원망하지도 말고 그리워하지도 마
시간이 약이고, 곧 다른 사랑이 찾아올 거야

PS.
사랑은 반복되는 미로 같아
스치고, 만나고, 이별하고,
서로 사랑을 찾으려 자꾸 헤매잖아

담배 끊으란 말
음식 가리지 말란 말
술 적당히 먹으란 말
돈 너무 막 쓰지 말란 말
뭐든 대충 하지 말란 말
권태기가 와도 버텨 내자는
네 말을 들을 걸

가벼운 말뿐인 줄 알았는데
네가 내게 한 말은 사랑이었구나

PS.
마지막으로
"내가 혹시라도 헤어지자고 하면
한 번쯤 무릎 꿇고 날 잡아"
라는 너의 말을 들을 걸

한 부부가 이혼을 했어
경제적인 부담 또는 바람을 펴서
마음이 식어서 혹은 지겨워져서
여러 가지 이유가 있겠지만
가장 중요한 것은 '신념'이야
사람과 사람 사이에선 믿음이 첫 번째야

PS.
생각해 봐. 결혼식장에서 약속한 질문
"검은 머리 파뿌리 될 때까지
서로 사랑하겠습니까?"
"네"라고 다짐했던 부부는 지금,
"검은 머리 새치 날 때까지만 사랑한 거야"
약속은 점점 희미해져 가
이왕 결혼할 거면, 죽기 살기로 서로 사랑해 줘

바람피우는 사람 만나지 마
그렇게 살려고 너를 속여 왔을 테니까

욕 잘하는 사람 만나지 마
언젠간 내 가슴에 상처를 줄 테니까

술 좋아하는 사람 만나지 마
술에 취해 다른 사람 품에 안길 테니까

거짓말하는 사람 만나지 마
사랑을 시작할 때도 거짓말이었을 테니까

한 번 헤어진 사람하고 다시 만나지 마
똑같은 이유로 헤어지게 될 테니까

PS.
다 알면서도 모른 척하는 사랑
이별하면 후회만 남는 아픈 사랑

사랑이 떠날 때 붙잡아 본 적 있어?
무릎 꿇고 손발이 닳도록 빌어 본 적 있어?
다시는 안 그런다고 용서를 구한 적 있어?
진심으로 눈물 흘리며 잡아 본 적 있어?
내 자신이 나에게 질려
'이제 그만 포기하자'고 생각할 정도로
구질구질하게 매달린 적 있어?
그렇게 떠날 거면
그렇게 사랑해 주지나 말지
이별 참 아프다
다시는 사랑하고 싶지 않다

PS.
아프다 사랑…

그립다 사랑…

후회한다 사랑…

또 하고 싶다 사랑…

내겐 잊히지 않는 번호가 있어
이름, 문자, 사진 아무 정보가 없어
주소록에도 없는 번호가 있어

기억력이 좋지는 않아
술에 취하면, 멍해질 때면, 바다를 볼 때면
꼭 생각나는 번호가 있어
지우고 싶어도 지울 수가 없는 번호가

PS.
술에 취해 오늘도 망설이다 잠이 들어
너도 나를 기억할까…

내가 좋아?
내 어디가 그렇게 좋아?
나 사랑해?
나를 얼마나 사랑해?
말하는 사람마다 대답이 다르겠지만
나는 이렇게 말할게

그냥 웃으며 꼬옥 안아 주면서
너의 머리카락 한 올부터
발끝까지 전부 다 좋아, 사랑해

PS.
세상에 '사랑해'라는 말보다
귀한 단어가 있다면
그 말을 너에게 해 주고 싶어

사랑

좋아하고, 행복하고, 기분 좋은 것
외롭지 않고, 항상 웃게 해 주는 것
허전하지 않고, 감동적인 것

아프고, 슬프고, 괴로운 것
혼자가 되고 항상 눈물 나는 것
고통스럽고 가슴 답답한 것

사랑 = 저 모든 감정들이 깃든 것

PS.
사랑은 줘도, 줘도 끝이 없어
사랑 참 어려운데 점점 무뎌지는 것 같아

사진첩을 보다가

우연히 버리지 않았던

너와 찍은 사진을 봤어

잠깐 피식하며 보고 있는데

멍해지더라, 이게 언제더라

우리는 이제 남이구나

사진 속 그때, 우리 참 좋았는데

지난 과거를 슬퍼하기엔 시간이 참 많이 흘렀네

버리지 않은 게 아니라, 간직하고 싶었나 봐

누가 뭐라 하든 그 사진 속에 우리는 행복했었으니까

PS.

사진 = 누군가는 쉽게 잊고

누군가는 매일 그리워하며 답답해하는 것

흩날리는 꽃잎처럼 왔다가
내 가슴에 응어리져 커져만 가고
뿌리를 깊게 내려 내 몸 어디에도 있나니
사랑, 옳고 그름을 누가 정하리

소나기처럼 왔다가 시리게 만들고는
바람처럼 휑하게 모든 것이 산산조각 나고는
찢겨진 살갗처럼 붙여도 소용없나니
사랑, 옳고 그름을 누가 정하리

PS.
사랑, 이토록 행복하고 아픈 것을
사랑, 옳고 그름을 누가 정하리

처음부터 뜨겁게 사랑하지 말고
있을 때 후회 없이 잘해 줘야 하고
대화 끝엔 '고마워'란 말을 꼭 하고
가장 좋은 '사랑해'란 말을 자주 해

PS.
물은 100도가 됐을 때 끓고
불은 100도가 넘으면 타 버려
후회 없는 사랑하려면 조절을 잘해

당신 울면 손수건이 되어 주고
그대 힘들 땐 등불이 되어 주고
아파할 땐 대신 아파해 줄게

고민 있으면 내가 해결해 주고
큰 슬픔이 찾아오면 우산이 되어 줄게
항상 웃으며 변치 않는 사랑을 줄게

요리를 배워서 맨날 맛있는 음식을 해 줄게
좋은 말, 좋은 곳, 좋은 향기만
가득하게 해 줄게
매일매일 행복한 날만 있게 해 줄게

평생 당신만 바라보며
당신과 살다 죽는 게 내 행복이오
늘 변함없이 내 곁에 있어만 주오

- 미래의 아내에게 -

함께라서 행복했는데

함께여서 추억됐는데

당신이라 평온했는데

같이 먹어 맛있었는데

참 즐거웠다 우리

참 행복했다 우리

이제 혼자 하니 모든 게 부질없네

PS.

불이 나도 시간이 지나면 꺼지고

상처가 생겨도 시간이 지나면 아물어

아물지 않은 이 시간에 오래 머물지 마

누군가와 헤어지면
슬픈 노래와 슬픈 영화가
꼭 내 이야기 같아서
눈물을 흘리잖아

누군가와 함께할 때는
슬픈 노래와 슬픈 영화를 봐도
내 이야기가 아니라 슬프지 않았어
눈물도 흘리지 않았어

PS.
참 이상하지
너와 있을 때는 내 이야기가 아닌데
너와 헤어지니까 모두 내 이야기 같더라

식당에서 밥을 먹는데
80세 넘은 노부부가 들어왔어

할아버지: 나 바. 뭐 먹을려?
할머니: 암거나 시켜유. 이도 없는 양반이
　　딱딱한 거 말고 순두부나 시켜유

밥 먹는 모습을 보니 테이블에
음식을 흘리고 서로 휴지로 입을 닦아 주고
떨어진 지팡이를 서로 주우려 해

할아버지: 나 바. 얼른 잡셔 국 식어
할머니: 체하것슈. 천천히 잡셔

'혹시 저게 사랑일까?'라는 생각이 드는
점심 식사였어

PS.
사랑, 천천히 오래오래 하는 것
사랑, 빨리하면 금방 체하는 것

사랑이란

그 사람이 너무 좋아 내 모든 걸 다 줘도

전혀 아깝지 않은 것

아플 때 대신 아파해 주고 싶고

다치면 손발이 되어 주는,

고민 있을 때 해결해 주고 싶고

기분 좋을 땐 내가 더 행복한,

나보다 항상 우선인 사람

좋은 음식, 좋은 곳 항상 함께하고픈…

그런 사람, 꼭 만나고 싶습니다

저만 사랑해 주는 사람 간절히 바랍니다

누군가를 만나 사랑하면 이런 사랑을 하길

오늘도 간절히 기도합니다

아픈 사랑은 하지 않길 기도드립니다

아멘

3 우정에게

내가 기쁠 때도, 슬플 때도,
돈이 없어도, 힘들어해도,
실연을 당해도, 상처를 받아도,
너라는 벗이 있어 든든하다

삶에서 누군가를 만나 인연이 됩니다
가장 진실한 사람,
그것은 '친구(親舊)'입니다

내게 십년지기 친구가 있었어
공부는 못했지만 싸움도 잘하고, 잘생겼었어
인기가 많고, 노래도 곧잘 했어
학창 시절 공부는 안 하고
맨날 그렇게 놀면서 보냈어
우리 나이 스무 살 때,
안 좋은 선택으로 먼저 하늘에 가더라
뭐가 그리 급하다고…
전화 받고 가는 내내 가슴이 아프고 저리더라
영정 사진 앞에 웃는 네 사진을 보는데
눈물이 엄청 났어, 보고 싶다
비 오는 날에는 더욱더 잘 지내야 해

딱 한 번이라도 내게 전화해
속마음을 이야기해 줬다면
우리 지금 소주 한잔하고 있었을 텐데

PS.
힘들 때 친구를 찾아가 봐
친구는 나의 가장 큰 방패이며
나의 고통을 나눠 갖는 사람이야

매일 바쁘다는 핑계로 연락도 잘 안 하게 돼
어릴 때 평생 가자, 변치 말자 자주 말했잖아
십 년이 넘었는데도 그 말이 아직도 기억나
자주는 못 봐도 가끔은 봐야 하는데
일 년에 한두 번이 전부네
그래도 낯설지 않은 너여서 좋아
보고만 있어도, 무엇을 해도 너와 함께하니
이 세상 모든 게 즐거워
늘 변하지 않아서 고맙다 친구야

PS.
세상에 친구란 사람이 존재하지 않았다면
우린 야속한 세상에
감정 없는 껍데기로 살아갔겠지

언제 시간 나면 한번 보자
언제 시간 나면 술 한잔해
언제 여유 되면 한번 갈게
언제 여유 되면 차 한잔해
대체 언제 시간, 여유가 돼서
만나자는 거야

친구야
인생의 때는 영원하지 않아

PS.
시간 나면, 여유 되면 말고
"기회가 있을 때 해 줘"

친구에게 실수를 한 적이 있었어
내가 잘못을 해서 친구가 피해를 입었거든
어떻게 사과를 할까 고민을 하고 있었는데
친구가 먼저 그러더라

"그냥 별거 아니니 잊고 추억 삼자"

너에겐 별거 아닌 일이 되었지만
나에겐 너무 감사한 일이었어

고맙다, 너란 사람이 나의 편이라서
고맙다, 너란 친구가 나의 벗이라서

PS.
친구는 나의 잘못을 감싸 주고
친구는 나의 용서를 받아 준다

옛날에 친구가 사업 실패로
힘들다고 한 적이 있었어
나는 그때 이렇게 말했어
"지금 네가 힘든 거 아무것도 아니야
금방 잊혀져, 너보다 힘든 사람을 생각해"
친구는 아무 말도 하지 않았어
친구는 다시 일어나
지금은 남부럽지 않게 살고 있어

그러던 내가 사업 실패로
그 친구에게 힘들다고 한 적이 있었어
친구는 그때 이렇게 말했어
"지금 네가 힘든 거 아무것도 아니야
금방 잊혀져, 너보다 힘든 사람을 생각해"
내가 몇 년 전 했던 말이 되돌아왔어
민망하고 미안해지더라

PS.
기분 좋고 술 먹을 때만 찾는 친구 말고
힘들 때 가장 먼저 생각나는 친구가 될게

좋은 친구

맨날 보고 싶은 친구

언제나 생각나는 친구

항상 내 편이 돼 주는 친구

내게 무슨 일이 생기면 바로 달려오는 친구

별로 친하지 않은 친구

가끔가다 연락하고 술 먹는 친구

연락하기 싫고, 보고 싶지도 않은 친구

괜스레 꼴 보기 싫은 친구

그냥 싫은 친구

PS.

친구를 구별하지 말고

적을 만들지 마

적을 만드는 건 오로지 나야

친구는
내가 아플 때 꾀병이라 하고
내가 좋은 일 생기면 배 아파하고
내가 연인이 생기면 배신했다 하고
내가 술 사라고 하면 돈 없다고 한다

친구란
내가 기쁠 때 가장 먼저 축하해 주고
내가 힘들 때 가장 먼저 달려와 주고
내가 슬플 때 가장 먼저 눈물 닦아 주고
내가 속상할 때 가장 먼저 술 사 준다

PS.
친구야, 네가 좋더라
사람 냄새가 나서 좋더라
항상 그 자리에 있어 줘서 좋더라

힘들 때, 바람 쐬러 가고 싶을 때,
친구와 바다 가 본 적 있지?

바다와 친구의 단점은
사실 별다른 게 없어
바다와 친구의 장점은
항상 그 자리에 변하지 않고
있다는 거야

PS.
항상 믿음이 되어 주는 너와 나이길
평생 등받이가 되어 주는 나와 너이길

4 지친 당신께

오늘 하루 힘들었나요?
후회 없이 살았나요?
많이 지치셨나요?

나는 신발이 없음을 한탄했는데
거리에서 발이 없는 사람을 만났다
- 데일 카네기

삶에서 얻은 작은 교훈으로
오늘 하루 좋은 날 보내길 바랍니다

모든 게 태어나 처음이야

가족도, 사랑도, 친구도

살아가는 게 많이 서툴더라

그치만 잘못된 건 없어

그저 나의 삶일 뿐, 내가 사는 거야

태어날 때부터 죽는 날까지

정답은 없는 거야

그러니 자책 말고

오늘을 살고, 내일도 살아

하루를 내 뜻대로 사는 거야

PS.

인생에 정답이 있다면

왜 그렇게 살지 않으셨습니까?

가장이 되어 보니 알 것 같아
밤낮 바꿔어 일을 해도
쉬는 날이 딱히 없어도
내 시간이 없어져도
주위 친구들은 하나둘 제 가정을 찾아가
친구들이 점점 없어져도
하루가 일로 시작해 일로 끝나
세월이 흘러도 지친 몸과 마음 이끌고
집으로 돌아오니 어린 자식
집 계단 오르는 발걸음 소리에 '와다다다다'
내 품에 쏙 안겨 주니 위로가 되네
아… 가장도 꽤 할 만하다
무의미한 건 아무것도 없어
이게 삶이고 인생이야
내 자식도 가장이 될 것이고
나랑 같은 삶을 살 것이고
삶은 그렇게 계속 끊이질 않고
이어져 가는 거야
그러니 내 자식이 본받을 수 있게
남은 생, 좀 더 아름답게 살아가야겠어

– 내가 또 다른 나에게 –

세상에는 아주 많은 사람들이 살아가잖아
높은 곳에서 아래를 보면 다 똑같은 사람이라
누가 누군지도 모를 거야

고통, 행복, 좌절, 불행, 사랑
여러 감정들을 가지고 살아가는 사람들
여러 가지 직업을 갖고 다양하게 살아가잖아

사람은 누구나 다 똑같아
감정이 있고, 직업이 있고, 가족이 있어
힘든 일 있으면 세상의 힘든 것들
혼자 다 갖고 있다고 느끼잖아
그렇지만 절대 아니야, 사람 다 똑같아

PS.
감정에 익숙해지면 강해지듯이
세상에 적응되면 그냥 넘겨지더라

가족, 연인, 친구, 사람들을

너무 그리워하고 생각하면

그 사람이 꿈에 꼭 나와

이건 내 경험담이고 100% 확신할 수 있어

누군가 너무 보고 싶어 미칠 것 같은 날은

잠들기 전 그 사람 생각을 많이 해

그럼 꿈에 꼭 나오게 돼 있으니까

그런데 기억해 둬

잠잘 때 꾸는 꿈은 꿈일 뿐이야

PS.

과거는 잔상이고

추억은 희비이며

꿈은 시각적 심상이야

계절은 사계절이 있잖아
그 사계절 중에 겨울만 있으면
사람 마음이 차갑고 몸도 차가워져

또 여름만 있으면 사막이야
가끔씩 비가 오고, 눈이 오고, 바람이 불고
그래야 해. 그래야 내 마음도
춥고, 덥고, 따뜻해져

PS.
내 감정이 들쑥날쑥하듯 계절도 변해
시간이 흐르면 나도 많이 변해 있겠지

나이를 먹어도 철이 안 드는 사람
나이를 먹을수록 철이 드는 사람

착한 사람을 울게 하는 나쁜 사람
선한 사람을 이용하는 악한 사람

나쁜 사람에게 마음 주는 착한 사람
악한 사람에게 돈을 주는 선한 사람

착한 사람, 나쁜 사람을 구별할 수는 없어
사람마다 구별 기준이 다르니까

PS.
세상에 몇 종류의 사람들이 존재할까?
너는 어떤 종류의 사람이야?

내가 살아야 하는 이유를 찾고 싶었어

'나는 왜 살고 있는 걸까?'

하지만 내게 주어진 하루의 24시간은

내가 살아야 하는 이유를 찾는 것이

얼마나 배부른 감성인지를

알게 해 줘

PS.

시간의 참된 가치를 알라

그것을 붙잡아라 억류하라

그리고 그 순간순간을 즐겨라

게을리하지 말며

해이해지지 말며

우물거리지 말라

오늘 할 수 있는 일을

내일까지 미루지 말라

— 체스터 필드

힘들 때 주위 사람들은 위로를 해
"힘내"라고 말은 하지만
그 위로가 내게 그렇게 큰 힘이 되지는 않아
힘든 건 내 자신이고
남에게는 흔히 겪는 이야기야
나 대신 힘들어해 주면 위로는 되겠지
힘들지 말아야 하는데
힘든 이유를 만들지 말아야 하는데
뒤늦게 어떤 힘든 이유로 후회를 해

PS.
하루, 이틀 지나면
잊히고 무뎌지더라
힘든 일 있어도 배는 고프고 잠은 오네
참 신기해 사람이란

누군가 나의 소문을 듣고

안 좋게 본다면

그 사람을 버리는 편이 나아

대부분 그런 사람들은

소문을 듣고

모든 걸 판단하고 결정하기 때문이야

네가 나를 소문으로 판단한다면

너는 여태껏 그런 사람들에게 길들여져

있었던 거야

PS.

소문은 내 사람을 정확히 골라 주는

유일한 비속어야

돈을 벌고 싶으면 일을 하고
공무원이 되고 싶으면 공부를 하고
가수가 되고 싶으면 노래 연습을 하고
요리사가 되고 싶으면 요리를 배우고
화가가 되고 싶으면 그림을 연습하고
장사를 하고 싶으면 설거지부터 시작해

나이가 많아서, 공부를 못해서, 돈이 없어서
이런 변명을 하며
스스로를 불가능하다고 판단하지 말고

PS.
'죽을 용기로' 해 봤어?
뭐든지 해 봐, 포기 말고
넌 할 수 있어

돈이 없어 힘들고

병에 걸려 한탄스럽고

배신당해 원망스럽고

사랑에 버려져 괴롭고

누군가 죽어 가슴 아프고

이 모든 게 사람이라면 겪어야 할 사명이야

PS.

숯은 뜨거운 불이 되어

우리에게 고마움을 주고 재가 돼 버려

너는 누군가에게 뜨거운 사람으로

기억되어 본 적 있어?

돈이 없어도 할 수 있는 건 많아

혼자 낚시를 가도

여행 같고

공원에서 돗자리 펴고 컵라면을 먹어도

소풍 같고

시장에 만 원만 들고 나가도

배부르게 쇼핑하는 것 같고

좋은 사람과 벤치에 앉아 캔 맥주를 마셔도

분위기 좋은 술집 같고

동네 높은 산에 가도

예쁜 야경이 내다보이는 전망대 같고

근처 강가나 바다에 가도

자연스레 힐링 여행이 돼

PS.
돈이 많으면 '잘할 수 없는' 일들이야
돈이 없어야 '잘할 수 있는' 일들이야
모든 건 내가 마음먹기 마련이야

돈이 없어 나락으로 떨어질 때
죽을 생각 말고 더 깊은 나락으로
빠져 보면 알 수 있어

빠져나올 수 있는 늪인지
절대로 못 나오는 늪인지
그리고 볼 수 있어

내 곁에 남을 진짜와
나에게 떨어진 껍질들을
그리고 느낄 수 있어

PS.
내가 죽지 못해 사는 건지
죽을 용기로 사는 건지

벌써 일 년이 지나가네

일월이 엊그제였는데 벌써 십이월이야

시간 참 빠르다

이룬 게 없는데, 아무것도 한 게 없는데

일하고, 놀고, 먹고, 결국 남는 게 없었네

시간을 돈으로 살 수도 없고

억지로 막을 수도 없으니

이 얼마나 안타까울까

먹기 싫은 '나이'를 또 먹는구나

PS.

지구에서 가장 잔인한 발명품은

'시간'이야

멈출 수도, 막을 수도 없잖아

살면서 가장 원하는 게 뭐야?
돈? 명예? 쾌락? 권력? 지위?
대부분 로또 일등을 꿈꾸며 일주일을 살고
주말이 오기만을 기다리며 살잖아
우리가 숨 쉬며, 느끼고, 만지고, 살아가는 거
이건 아주 특별한 일이야
이보다 더 큰 축복과 은혜는 없을 거야
삶이 길어도 백 년까지야
물질적 가치보다
정신적 가치를 생각하며 살아가길

PS.
원하는 소망이 있다면
간절하게 기도해 봐
모든 것은 이루어지게 돼 있어

살면서 실수해 본 적 있어?

음식은 오래되면 상하고
기계도 오래 작동하면 고장 나
사람도 나이를 먹으면 점점 아파 오듯
새 물건도 오래 쓰면 낡아서 버려야 해
인생에서 실수 좀 했다고 낙담하지 마
세상에 완벽한 건 없잖아

PS.
실수는 나를 변하게 하고
다른 사람들에게 박수를 받게 되는
가장 완벽한 창작물이야

살면서 홀로서기의 과정은
누구나 겪게 되는 과정이야
굳센 마음으로 직진해야 해
내 앞에 고난과 역경과 좌절이 와도
혼자 극복하는 방법을 배워야 해
그럴 때 항상 마음속으로 되새겨

PS.
저 벽을 넘자… 라고

술집에 수많은 사람들이

웃고, 떠들고, 즐기고 있어

나는 힘든 일 때문에 술 한잔하러 왔는데

나 빼고 다들 즐겁네

웃고, 떠들고, 즐기고 있는 사람들도

누구나 말 못 할 고민, 답답한 일들이 있어

PS.

꼭 나만 힘든 게 아니란 걸

이것 또한 지나가리란 걸

잊지 말길

알람 시계로 하루를 시작해
샤워를 하고 옷을 입고
나를 포장한 후 세상으로 나오지
오늘 하루도 후회 없이
최선을 다하며 살아 볼게

누군가 나에게 '오늘 하루 어땠어?'라고 묻는다면
이렇게 말할 거야

PS.
나는 오늘도
평범하게 살기 위해
최선을 다해 살고 있어

불규칙한 삶 속에서 딱 하나
정답이 정해져 있는 게 있어
그건 바로 '죽음'이야

다른 건 피할 수 있고, 변할 수 있어도
죽음은 어쩔 수 없잖아

그래도 우린 행복하게 살고 있잖아
자신만의 꿈을 가지며 살아가잖아

오늘도 너의 꿈을 갖고 열심히 살아 봐
분명 좋은 일이 생길 거야

PS.
우린 언젠가 죽는다는 걸
알면서 오늘도 살아가잖아

군대 시절
아침에 연병장 뛰는 게
하나도 힘들지 않았어
제일 힘들었던 건
내 군화에 들어온
작은 돌멩이 하나였거든
그게 너무 아프더라
돌멩이 그거 아무것도 아닌데

P.S.
삶에서 아물지 않는 상처는 없어
만약 있다면 그건,
내가 만든 철창 없는 감옥이 아닐까?

오늘 힘들었지?
오늘도 잘 버텼어!
오늘도 고생 많았어!
오늘보단 내일이 나을 거야!

PS.
'-라는' 거짓말에
또 한 번 속아 본다

요즘 같은 불경기
누군가는 대박 나고
어떤 이는 좌절하고
단 한 번이라도 어떤 일에
최선을 다해 본 적 있어?
죽기 전에 해 보고 싶은 일은 있어?

PS.
과정에서 재미를 느끼지 못하는데
성공하는 일은 거의 없다

— 데일 카네기

인생에 가장 필요하고
우선적인 세 사람

첫 번째, 가족
두 번째, 스승
세 번째, 배우자

PS.
너는 지금 어때?
주변을 한번 둘러봐 봐

잠잘 때 꿈을 꾸잖아
좋은 꿈, 나쁜 꿈, 여러 가지 꿈
좋은 꿈을 꿀 때는 깨고 싶지 않고
나쁜 꿈을 꿀 때는 빨리 깨고 싶잖아
그런데 이런 생각해 본 적 있어?

PS.
어쩌면 우리는 지금 꿈을 꾸는 중일 수도 있어
살아가면서 느끼는 모든 감정들…
행복하고, 슬프고, 괴롭다고 느끼며 살잖아
우린 이 꿈에서 깨지 않으려고
깊은 잠에 빠진 건 아닐까?

저 사람은 믿을 만해
그 사업은 대박이야
인생 절호의 찬스야
이번 기회에 한몫 챙겨
이렇게 사기를 당하고 누군가를
원망하고 저주하려 해
다시는 속지 않으리라 다짐했는데

PS.
이번엔 진짜겠지…
이번 건 느낌이 와
또 한 번 알면서도 속아 본다

힘들었지? 밥 먹었어?
고생했어, 수고했어, 잘했어
역시 해낼 줄 알았어
너 아니면 큰일 날 뻔했어
이번 일에 도움 줘서 정말 고마워
넌 정말 대단한 사람이야
넌 참 착하고 좋은 사람이야
넌 정말 능력 있어

말은 녹슬지 않는 신비한 힘이 있어
늦기 전에 좋은 말 많이 하면서 살길

PS.
누군가 내게 해 줄 말
내가 누군가에게 해 줄 말
좋은 말은 아끼지 마

사람들은 항상 말해
죽은 다음 사후 세계는
있을까? 없을까?
하지만 신은 매일
정답을 알려 주는 걸 수도 있어
노고한 하루를 마치고 잠에 들 때
눈을 감아 봐
어둡고 고요해
상상으로 별이 되어 봐
이것이 사후 세계라고

PS.
죽지 않고는 알 수 없는 문제로
사람들은 늘 생각해
그러지 말고 현재 나의 삶만 생각하길

돈이 많아도 고민이고
돈이 없어도 고민이야

사랑을 하는 사람들도 고민
이별을 하는 사람들도 고민

친구가 많아도 고민
친구가 없어도 고민

이 세상 누구든 고민과 걱정이 있어

PS.
고민하고 걱정하면서 살지 마
어차피 시간이란 놈이 답을 줄 테니까
그냥 웃으면 돼

5 힘이 돼 줄게

사소해서

익숙해서

깊지 않아서

항상 고마움을 잊고 살았습니다

실천하고 감사하며

작은 소중함도

잊지 않으며 살겠습니다

누군가에게 힘이 돼 주는

그런 사람이 되겠습니다

너는 꿈이 있어?
사람들이 가끔 물어보잖아
꿈이 있으면 대답하고
꿈이 없으면 그냥 없다고 해
꿈이 있는 사람들은
그 꿈을 오래 간직한 거고
꿈이 없는 사람들은
그 꿈을 아직 찾지 못한 거야

PS.
굳이 꿈을 가질 필요는 없어
어떠한 삶 속에서도 열심히 살다 보면
내가 바라던 그 꿈에 닿아 있을 거야

맨몸으로 태어나서 지켜야 할 게 참 많아
가족, 사랑, 친구, 재산

알몸으로 태어나서 이뤄야 할 게 참 많아
명예, 직업, 권력, 지위, 꿈

갈 때는 무엇 하나 가져갈 수 없는데
한 줌의 흙이 되어 나 자신도 사라질 텐데

PS.
살면서 지켜야 할 것,
이뤄 내야 할 것이 많다는 건
그건 내가 "인생 참 잘 살았다"
라고 하는 말이야

80세가 넘은 미래의 나에게

어렸던 내가 학교를 졸업하여
성인이 되고 어엿한 중년이 되어
이제는 머리칼이 흰머리가 되어 가네

세월 참 빠르다
시간은 무섭게 빨리 간다
지난 과거를 회상하는데
어찌나 눈물이 나는지

옆에서 할망구 소리 없이 흐느끼네
사람이라면 누구나 겪는 일인 것을
오늘도, 내일도 그저 감사히 살아갈 뿐
사소한 것에 감사하며 정이 드는 세상이야

참 고맙고 행복했소 여보
그래도 참 잘 살았다 내 인생
나 이제 가면 웃으며 안아 주오, 가족들이여

– 현재의 내가 –

밤송이는 겉에 가시가 있어
위험으로부터 자신을 지킬 수 있지만

우리는 가시가 없어
스스로 해결해야 해

아 맞다…!
우리는 가시를 어떻게 까는지
알고 있잖아

PS.
알면서 안 하는 것과
몰라서 안 하는 것은
너무 큰 변명이야

밤하늘의 별빛, 달빛, 공기도
따스하게 내리쬐는 햇빛도
높은 곳에서 바라보는 예쁜 야경도
기분 좋게 불어오는 시원한 바람도
운치 좋게 내리는 빗방울도

"세상이 너에게 주는 특별한 혜택이야"

PS.
이렇게 공짜가 많은데
돈이 없어도 세상에 누릴 수 있는 건 많아

새벽 냄새와
저녁 냄새가 다르다
매력적인 냄새는
새벽 냄새야

PS.
새벽에는 나의 모든 감각과 감정들이
새롭게 태어나는 시간이야

성공에는 어떤 트릭도 없다.
나는 내게 주어진 일에
최선을 다했을 뿐이다.

– 앤드류 카네기

슬픔을 남에게 터놓고 이야기함으로써
완전히 가시지는 않지만 누그러질 수는 있다.

– 칼데론

세상을 변화시키려는 사람은 많다.
그러나 자기 자신을 변화시키려는 사람은
많지 않다.

– 레프 톨스토이

애벌레에서 나비가 되려면
몇 번의 성장 과정을 거쳐야 해
기상 조건, 주변 환경 등
수많은 역경 속에서
희박한 확률로 태어나는 게 나비야
열심히 살았는데 결과가 없다고 포기하지 마
우린 아직 애벌레일 수도 있어

PS.
잊지 마, 나비도 애벌레였다는 것을
아니… 어쩌면 우리는 이미 나비였을지도

하루살이의 인생은 우리의 삶 중에 단 하루야

우리가 의미 없이 건조하게 보내는

하루 한 시간도

하루살이에겐 더없이 큰 축복일 거야

PS.

하루살이는 알까?

자신이 하루밖에 살지 못한다는 걸

하루살이는 하루 동안 무엇을 생각하며 살까

사람들은 말해

먹고살려고 하는 거라고

어쩔 수 없이 돈 때문에 하는 거라고

한 번쯤 내가 좋아하는 일,

내가 하고 싶은 일을 하고자 노력은 해 봤어?

자신이 좋아하는 일을 하는 사람들이

많을 것 같아?

아니야, 절대 그렇지 않아

직업에는 귀천이 없대

좋은 데 취직하고 싶어도

"나이 때문에 안 된다

지금 하기엔 너무 늦었다"

라는 풍문을 버려

지금도 늦지 않았어

꿈이 있으면 뭐든 해 봐

꿈에 나이가 어딨어

PS.
직업에 나이가 중요할지 몰라도
꿈에는 나이가 중요하지 않아

보석은, 마찰 없이는
가공될 수 없다.
마찬가지로,
사람은, 시련 없이는
완벽한 사람이 될 수 없다.

- 공자

당신이 할 수 있다고 생각하면 할 수 있고
할 수 없다고 생각하면 할 수 없다.

- 헨리포드

용기를 내라. 고통은 아주 잠시 동안만
정점에 머무른다.

- 아리스토텔레스

힘들어하는 나에게
주변 사람들이 던진 한마디

기운 내
정신 차려
시간이 약이야
금방 잊혀져
별것 아니야

P.S.
흔한 말이지만 가장 긍정적인 힘을 가진
가장 깊은 한마디
"힘내라"

* 여태까지 살아오면서 *

가족에게 상처를 주었나요?

사랑하는 사람에게 큰 슬픔을 주었나요?

친구에게 상처가 되는 말과 행동을 했었나요?

돈이 없어서 한탄하고 원망스러웠나요?

* 다시 한번 살아가면서 *

가족에게 힘이 돼 주는 사람으로

사랑하는 사람과 영원한 사랑을 함께하기로

친구에게 변치 않는 우정으로 영원하며

열심히 살아서 돈도 많이 버는

그런 삶이 되시길 바랍니다.

맺음말

글을 쓰면서 참 많이 느꼈습니다.
답답했고 먹먹했던 삶.
"내가 참 후회만 하면서 살았구나"
마지막 장을 쓰면서 뜨거운 눈물이 흘렀습니다.
희비의 눈물인지, 후회의 눈물인지
마지막 눈물이라 생각하며
이제는 후회 없이 살겠다고 다짐했습니다.

어렵지 않은, 짧은 말 한마디, 사소한 행동 하나
시간이 가면 사라지겠지만
이렇게 사소한 행복이 될 줄 몰랐습니다.
여러분들은 지금껏 어떤 삶을 살았습니까?

사람은 언젠간 한 줌의 흙이 되어 사라집니다.
지금부터 많이 사랑하고, 아껴 주고, 지켜 주며
후회 없는 삶을 살아갈 것을 당부드립니다.